西野流「ゆる親」のすすめ＜上＞

7歳までの お守りBOOK

「正しい母さん・父さん」を頑張らない。

西野博之 著

ジャパンマシニスト社

装丁・イラストレーション　高橋潤子
写真　吉谷和加子

はじめに

土山の上を裸足でかけあがる子。
ひたすら穴掘りに熱中している子。
そこに水を流し込み、
泥の池づくりに夢中になっている子たち。
手づくりのハンモックで飛び跳ねる子や
小枝を集めてたき火をしている子たちもいる。

ここは川崎市にある「子ども夢パーク」。
「やってみたい」と思うことに
なんでも挑戦できる冒険遊び場があります。
僕は今、ここの所長をしています。

もともとは
なんらかの理由で学校に行きづらくなってしまった
不登校のこどもたちの居場所づくりに、
30年ほど前から、関わってきました。
この夢パークの中にも、フリースペース「えん」
とよばれる部屋があり、学校外で多様に育ち
学びあうこどもたちの居場所になっています。

プレーパークともよばれる遊び場と
不登校のこどもたちの居場所が、
一緒の敷地の中にある。
その広さは10,000平方メートル。
たくさんの市民の手で、こどもたちも一緒になって、
行政の人と協力してつくってきた夢パーク。
どうして、僕が長い間この場づくりに
エネルギーを傾けてきたのか。
それには、ちゃんとワケがあります。

思春期になって生きづらさを抱えた

はじめに

こどもたちによりよい、
数多くの親子の悩みを
聴くなかで見えてきた、
あのこと・このこと。
その中には、乳幼児期に
どんなふうにふうこどもと関わったらいいのか。
あふれる情報の中から、なにを捨て、
なにを大切に子育てしたらいいのか。
ヒントが、びっしり詰まっていました。

こどもたちと流した汗と涙。
そこからたくさんのことを教わりました。
お母さん・お父さんと語り合った
日々の中から気づいたことの数々。
それをなんとか、
全国のひとりでも多くの人に伝えたい。
「大切なことはこれだけ。
ここさえ押さえておけば大丈夫。」
そんな思いで、この本が誕生しました。

もくじ

はじめに・・・・3

Ⅰ 「お宝ちゃん」、こんにちは！・・・・9
　生まれてきてくれてありがとう
　ようこそ、「お宝ちゃん」！
　おへそとおへそのおまじない
　べたべたかわいがっていいんだよ

Ⅱ 遊びのチカラ・・・・25
　遊びのチカラ
　「やってみたい」が育むこと
　こどもの遊びを見守るとき
　けんかで学ぶ
　安心して失敗できるということ

Ⅲ なんでもできなくてはいけませんか？・・・・49
　なんでも、できないよりはできたほうがいい？

親の「よかれ」がこどもを追い詰める

友だち100人できるかな♪

自分で決めるということ

比べないということ

Ⅳ 「だいじょうぶ」は魔法の言葉・・・・73

「抗菌お砂場」の生きづらさ

もしも、のことがあったら……

カメラがもたらす不幸せ

不審者対策のまちがい

「賞味期限が切れてるよ！」

Ⅴ 暮らしの面倒くささを手放さない・・・・95

ごはんのチカラ　1

ごはんのチカラ　2

遊び心でお手伝い

手を出しすぎないということ

忘れ物で困らない子

親にできることはクウ・ネル・ダス

VI 「ゆるママ」「ゆるパパ」のすすめ ‥‥117

「わたし、バカだもん」
本当は親だって泣きたいよね
理想は「迷惑をかけない子」？
「正しい親」を頑張りすぎないで
ゆるくなれない人が親になったら
だれかを頼っていいんです
パパの役割ってなんだろう
母さんになった彼女が求めていたこと
ちょっとうちの子、ちがうかも
「発達障がい」という文化
わが子が育つチャンスを失うとき
生きてるだけですごいんだ
きっと、だいじょうぶ

あとがきにかえて ‥‥160

I

「お宝ちゃん」、こんにちは！

生まれてきてくれて
ありがとう

予定日すぎても
なかなか陣痛がはじまってくれません。
大きなおなかのつれあいと
散歩にでかけた春の公園。

翌朝、自宅で破水。
彼女を車に乗せて、助産院に急いだ日。
でも、半日待っても
生まれる気配がありませんでした。

なににか、
だれにか、わからないけれど
ああいうとき、祈りますね。
なんとかこどもが無事に生まれてきますように。
二人の命が守られますように。

しばらくして、助産師さんが言いました。

I 「お宝ちゃん」、こんにちは！

「母体と胎児への影響を考えると
自然分娩はあきらめて
陣痛促進剤を使いましょうか？」
僕の頭のなかはほぼまっしろ。
……そのとき、ゆっくり
連れ合いが立ち上がりました。

なにごとかとただ驚く僕の両肩に
彼女は両手を置きました。
中腰のまま。
いきんだ。

すると、赤ん坊の
大きな頭が降りてきました。
あっ 見えた。生まれる！
ウェルカム！
大きな大きな男の子の誕生でした。

「はい、お父さん、へその緒切って」
ハサミを渡されたけど。
情けないんです。

男親は。
勇気が出ない。
力が入らない。
さっきまで羊水の中で
母子をつないでいた命のパイプ。
ハサミがつるつる滑って切れません。

ようやく大役を果たした
僕の頭の中で、
いつまでも響いていたフレーズ。
生まれてきてくれてありがとう。
ほんとに、ほんとに、心の底から。
生まれてくれさえすれば。
生きてさえいてくれればそれで充分。

いつまでも。いつまでも。

I 「お宝ちゃん」、こんにちは!

ああいうとき、
祈りますね。
なんとか無事に
生まれてきますように。

ようこそ、
「お宝ちゃん」!

「子ども夢パーク」で
初めて見かける母さんと赤ちゃんに
僕は声をかけます。
「あ、お宝ちゃん!」

「お宝ちゃん」と声をかけられて
顔をこわばらせる母さんはいません。
僕も心底本心で、
そう声をかけています。
かけがえのない「お宝ちゃん」。

どんなに疲れていても
気持ちがすさんでいても、
赤ちゃんは無条件にこちらを見て
微笑んでくれる。
何度エネルギーをもらったことでしょう。
自分の子でも、だれかの子でも

それは同じ。

生まれたての命。
ほんとに、すごいエネルギー。
それを、いただけるうちに
しっかり手に入れておきたい。
母さんも父さんも。

この「お宝ちゃん」エネルギーを
今しっかり手に入れておけば
たとえ何歳になってもかわいいよ。
自分の背丈を超しても、
憎らしい口をきくようになっても、ね。

僕は仕事柄、恵まれています。
いつもここは
「お宝ちゃん」エネルギーにあふれている。

そうそう、あなた自身も
元「お宝ちゃん」でしたね。

生まれたての命。
ほんとに、すごい
エネルギー。
いただけるうちに、
しっかり手に
入れておきたい。

おへそとおへその
おまじない

息子がぐずると
「おまじない」の出番でした。
だっこして、
息子のちっちゃいおへそと
僕のおへそをくっつけて
「おへそとおへそで
ふぅうううう──！」

息子の顔に息を吐きかけながら
おへそに力をこめると
必ずといっていいほど泣きやんだ。
どんなに泣いていても。

もう少し大きくなってからは、
脇腹をさすりながら
「大きく大きく大きくなあれ、
大きくなって、天まで届け！」

ってとなえる「おまじない」。

実はこれ、父が
幼い僕にやってくれていたことでした。
今でも覚えている。
あの皮膚感覚。
それを息子にやっているうちに
あれあれという間に
どんどん、どんどん
大きくなっていっちゃって
僕の背丈を追い越したのが小学校6年生。

そしてもうひとつ。
それは足もみでした。
足指のマッサージ。
中学生になっても
「やって、やって」ってせがんだ息子。

体がふれあう「おまじない」。
幼いころからの習慣にしておくと
後々、とても良いことがあります。

I 「お宝ちゃん」、こんにちは！

思春期の一時期。
こどもからも親からも
言葉をかけにくいときってあるんです。
こどもにしたら、
「助けて」
「どうしよう、どうしたらいいの」
って親に言いたい。
けれど、言葉にしづらい。

親の方でも、
最近、お互い、なんだか
つっけんどん。
心配だなあ。
どう声をかけようか
なんて思ってる。

そんなとき幼いころの
「おまじない」を復活。
スタイルはちょっと変わっても、
体がふれあう安心感は
思わぬ力を発揮したりする。

息子は、高校生になっても
バスケットの大きな大会とか
テストの前なんか、
緊張しているときに言うんです。
「親父、足やって」。
え、こんなでっかい足を
俺がもむの?

でもね、それは心の中の声。
「あ、いいよ」って。
なにげに、もんでやる。
彼はスーッと落ち着きましたっけ。
ついでに親の気持ちも。

I 「お宝ちゃん」、こんにちは！

僕の父が
やってくれていたこと。
今でも覚えている
あの皮膚感覚。

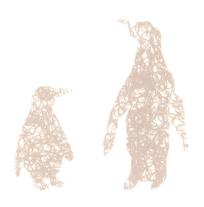

べたべたかわいがって
いんだよ

「甘やかしすぎちゃうと将来が心配」
「6歳になったら一緒に寝てちゃダメ」
……そんなあ。

頭でっかちに「自立」を考えないで。
こどもは「これでもか」ってほど
かわいがっていい。

昔の家はよかったなあと思います。
なにしろ、狭かったから。
こども部屋なんて、ない、ない。
親子「川の字」で
いつまでも寝るのは当たり前。
僕もいつまで親と寝ていたかなあ。

「自立」って
つきはなすことじゃないんです。

Ⅰ 「お宝ちゃん」、こんにちは！

親や周囲の大人にちゃんと甘えられた子、
甘えたときにしっかり受け止めてもらえた子が
初めて、「自立」できるんです。

なんとなく思ってるんです。
「過干渉はいやだけど、
過保護はいいんじゃないの？」って。
この時期のこどもに愛情のかけすぎなんて、ない。
親子でべたべたくっつきあって過ごしたらいい。
ときにはそれが、暑苦しかったら
「あつくるしいよー」って大声で言いながら
それでもくっついて過ごそうよ。

僕には、80歳すぎた父と母がいる。
老いた二人だけれど。
その命、そのものを
愛しいと思える僕がいる。
それは、幼児期にその体にすりよって
抱きしめられていた、
そんな、体で覚えた感触が
残ってるからだと思う。

ちゃんと甘えられた子が
「自立」できるんです。

II

遊びのチカラ

遊びの
チカラ

「どうやって遊んだらいいんですか」
初めて夢パークにやってきた母さんが
とまどったように
僕に声をかけてきました。

そうねえ、夢パークには
ふつうの公園にあるような
遊具は1個もないんです。

10,000平方メートルの敷地。
水が流れ、
火が使える。
木登りができる。
畑もある。
「禁止」の看板はほとんどありません。
「プレーパーク」とか「冒険遊び場」なんて
呼ばれています。

Ⅱ　遊びのチカラ

とまどうお母さんのかたわらで
3歳かな、4歳になったのかな
男の子はじっと立ったまま。
ほかの子の遊ぶ姿を見てました。
小さい子たちに人気の土の山。
好きなところに穴を掘り、
いつまでも泥を触ってこねている。

すると、男の子はおもむろに歩き出し
落ちていたシャベルを手にとって
土の山に登った。
いつのまにか、
ほかの子たちと一緒になって
バケツの水を穴の中に流し込んでいました。

服は泥だらけ。
「常連」の子にならって
靴も脱ぎ捨て
裸足になって
足で水をかき混ぜる。
足の指先にまとわりつく泥んこの感触。

バシャバシャと足でたたく水の跳ね返り。
初めて会ったこどもたちが歓声をあげ
やがて泥のお風呂になっていきました。

遊びにはマニュアルがない。
プログラムがない。
「うまい、へた」って評価されることがない。

ただ、「やってみたい」。
そこがスタートでそこがゴール。

Ⅱ 遊びのチカラ

ただ、「やってみたい」。
そこがスタートで
そこがゴール。

「やってみたい」が育むこと

ほかの子たちと一緒になって
ぬるぬる、べちゃべちゃ、ぐっちゃぐちゃ。
そんな感触を
全身で味わっている男の子。

この子は今、自分の体で
自分自身の「快」と「不快」を
しっかりと手に入れている。

このぬるぬるが楽しい！
このべとべとが面白くてたまんない！
でも、こっちのざらざらしたのは
なんとなく気持ち悪い……

自分の気持ちに正直に
「これはいい！」
「これはヤダ！」

Ⅱ 遊びのチカラ

そう感じて表現できること。
これ、すごいことなんですよ。

だって、大きくなって
「自分のやりたいこと」と
「父さん母さんが喜びそうなこと」の
見分けが、自分でもつかない。
そんな人がたくさんいるんです。

自分の心が本当に欲していること。
それがわからないまま
長い年月を過ごしてしまい、
「やりたいことが見つからない」
「なんのために生きてるかわからない」
そんな相談を持ってやってくる。
20代30代になって、やってくる。

自分にとって楽しいのか、嫌なのか。
イエスかノーか、答えが出せる体と心。
「遊び」で手に入れていくのは
生きる軸のようなものかもね。

「これはいい！」
「これはヤダ！」
それがわかるって
すごいことなんです。

Ⅱ　遊びのチカラ

こどもの遊びを
見守るとき

こどもの遊びは
「見てる。
でも、
手伝わない。」
これがキホンです。

ところが、このキホン、
けっこう軽んじています。
「なにつくってるの？
おうちをつくってるの？
だったら、ほら、ここをこうして
こっちをこうしたほうがいんじゃない？」
なんて手出し口出し、
してないですか。

すると、こどもたちに
わきおこった遊び心が

一気にしぼんじゃう。
だいたい、「なにつくってるの？」
なんて意味がない。
こどもは、「なにか」をつくっているうちに
それが、「なにか」になっていくものだから。

そして、こどもが
「なにか」になった！　と
つくったものを見せにきたら、
「どうよ」って顔で見せにきたら、
「わ――」って声をあげる。

「わ――」って微笑む、
それだけでいい。
それだけで、こどもは嬉しいんだよね。

昔のように
こどもだけで遊ぶ機会が少ない。
親は手出ししないことが難しい。
見ないでいることが難しい。
でも、こどもの世界を台無しにしないで。

どうしたらいいか。
大人はちょっと離れたところで
見守る。
こどもが振り向いたら、
目と目が合ったそのときに
「にこっ」っていうぐらいでね。

「母さんたち、あそこで見ていてくれる」
それだけでいい。
3歳ぐらいまでの小さい時期は
そんな絶妙の距離感で
「気を向けている」のが良いと思う。

ただし、こういうとき
スマホはバッグの中に
ちょっとしまって。
「気をぬく」のは
まだもう少し大きくなってから。

こどもの遊びは
「見てる。
でも、
手伝わない」。

けんかで
学ぶ

遊びの場って
けっこうシビア。
だれかが、自分に都合のいいように
ルールを変えちゃった。
そのために
理不尽な目にあう子がいる。
「ずるい！」と言えずに
悶々_{もんもん}としたりする子もいる。

正義感のある大人は
つい介入したくなっちゃいます。
気持ち、わかります。
でも、そこで
理不尽なルールに従っちゃった
自分のふがいなさやくやしさに
出会うということ、
けっこう大事だと思うんですよ。

遊びは本気。
手加減がないから、
必死だから、
けがをさせる、させられる。
それもありうることです。

お！　けんかだ！
いつも見かける光景。
僕たちは、
簡単に止めには入りません。

けがをした子の痛み。
させてしまった子の痛み。
体と体をふれあいながら、お互いに
痛みについて学んでいく。
そこで、「加減」も知っていく。
「お互いさま」も学んでいきます。

でも、明らかに闘う気力、意志をなくして
もう闘えなくなった子を
一方的に上から押さえこんで

Ⅱ 遊びのチカラ

殴り続ける子がいたら、
そのとき、僕たちは介入します。

こんなことがありました。
小学生どうしのけんかでした。
明らかに片方の子が劣勢。
激しくやり返したつもりでも
力の差は歴然。
これは、仲裁が必要と
その場にいた大人たちは思いました。

でも、やられ続けるその子は言いました。
「止めないでくれ。
今日は、ただやられっぱなしでは
終われないんだ。
今、止められたら
今までの弱かった自分と同じだ。
自分を変えたいんだ」
マジで言いました。
その目は必死に訴えています。

すると、その子をなめていた
力のある子も恐れを感じます。
(なんだこいつ、マジだよ、どうしよう……)

全身全霊、死にものぐるいで抵抗するその子。
「弱いやつ」とたかをくくっていた愚かな自分。
「弱い自分を変えたい」と勇気をふりしぼった子。
「ひとをなめたらいけない」ことを
しっかり、こころに刻んだ子。
見事なけんかでした。

それでも、女親にとって
男の子どうしのけんかは
ちょっと怖いですよね。
そういうときは「見ない」っていう選択もあり。
世の中、見すぎるとろくなことがない
というのも真実で。

けんかがはじまったとき
親にできること？
ありますよ。

Ⅱ 遊びのチカラ

突き飛ばしたとき、突き飛ばされたとき
近くに、ガラスはないか。
振り回したり投げたりしたら
危険なものはないか。
周りを見渡して。

あとはその場を離れたって
いいんじゃないかな。

ちょっとして戻ってみたら
あんなに激しくけんかしていたのに
もう一緒に遊んでいるって
よく、あることですよね。

けんかで学べることは
いっぱいある。
痛みについて。
力の加減について。
そして、
「お互いさま」ということ。

Ⅱ 遊びのチカラ

安心して
失敗できるということ

先回りして「待った」をかけてしまう。
そんな親子のシーンが
多くなったように感じます。

たしかに、
安心して子育てできる環境や条件は
厳しくなっている。
不安感の強い親御さんもいますね。
その不安、わからないでもない。

でも、「待った」のシーンを見るたびに
僕はつぶやく。
ああ、こどもたちの
「やってみたい」気持ちが
またしぼんでいくなあ。

だからプレーパークでは、

なるべく「禁止」はつくらない。
五感を使って自由に遊ぶ。
たしかに、自由には危険もつきものです。
でも、リスクがあるから、
挑戦する気持ちもついてくる。

「飛べるかなー」
「こわいなー」
力の限界ギリギリに挑戦。
「やったー、できたー」
このとき、こどもの自信が生まれる。
見ている大人はハラハラ、ドキドキ。
けがする「リスク」はあるけれど
かけがえのない力を手に入れる。

火も工具も使っていい。
これは、普段おうちではできないこと。
木の枝や廃材を拾い集めて
ナタやナイフで細かくして
マッチと新聞紙で火をつける。
慣れると、梅雨の合間の湿った木だって

Ⅱ 遊びのチカラ

難なく火をつけられるようになる子もいます。

どうして、そんな危ないことを？
それは、危険を知って
予知する力、回避する判断力を
身につけてほしいから。

もちろん、私たち大人が
気をつけるべきこともあります。
こどもが自分では気づかない
見えない危険。
これを「ハザード」と呼んでいます。
いきなり床が抜けちゃったとか
すべり台からクギが出ていたとか
そんなことは絶対に起きないように。
毎日スタッフが点検します。

イギリスのプレーパークのお土産に
Tシャツをもらいました。
胸にこんな言葉がプリントされていました。
"better a broken bone than a broken spirit"

「魂が壊れるより、骨折のほうがまし」。
すごく、気に入っています。
「挫折より骨折」！
なんて素敵なフレーズでしょう。

そして、今、大人たちに
一番必要な発想。
だって、安全ばかり気にしていたら
こどもたちはどこで
「やってみたい」に挑戦できるんでしょう。

やってみてわかること、
たくさんあるじゃないですか。
細い木の枝に
足をかけたら折れちゃうとか。
濡れた苔(こけ)の上を歩くと
ものすごく滑りやすいとか。
雨上がりのマンホール、
自転車でカーブを切ると
ステーンとコケちゃうんだとか。

Ⅱ 遊びのチカラ

こどもたちが失敗して
自分たちの気づきの中で
手に入れていけばいいことを、
親がどんどん先回りして
危険を取り除いてしまう。
そんな、先回り文化では
自分で気づいて自分で判断する力が育たない。

つくづく思うのは
こどもにとって
失敗は最良の経験だということ。
失敗はかわいそうなことじゃないよ。
今失敗しないで、いつ失敗するの。
命や人生にかかわるような
危険から身を守る力は
安心して失敗できる、
そんな環境から生まれる。

失敗は
かわいそうなことじゃ
ないよ。

III

なんでも
できなくては
いけませんか？

なんでも、できないよりは
できたほうがいい？

「お宝ちゃん」が大きくなってくる。
すると、悲しいことに
僕たちは
あの誕生の日の感動を忘れがち。

しばらく前。
市民館で
乳幼児の母さん・父さんの集まりがありました。
そこで、語られた本音。
「息子が将来、
女の人にだまされて殺されるのが心配」
「うちは渋谷まで電車で一本。
大きくなって渋谷で覚醒剤なんか手に入れたら、
と思うと今から心配」

どちらもそのころ世間を騒がせた
ニュースの影響でしたが……。

Ⅲ なんでもできなくてはいけませんか？

親の不安と心配のタネは、
どこまで多種多様かと僕は驚きました。

そして、いちばん多かった心配ごと。
「うちの子、将来就職できるか」
まだ２、３歳だっていうのに。
これは、子育ての歴史はじまって以来の
心配じゃないでしょうか。
「食っていけるか」
「無事に学校卒業できるか」
「人の道をふみはずさないか」
親の願い、心配はいろいろありました。
けれど、「就職」というキーワードは
いまどき、ですね。

そして、そこには、
「人並みな」
「できれば人より少し有利な」
なんて言葉が加わります。
だから、よその子より
先回りしたくなっちゃうんですね。

そして、人と比べて
さらに不安になる。

しかも、それは、かなり早い時期から。
生後６か月たったのに寝返りしない。
１年たっても立っちをしない。
よその子より食が細い。
小学校入学までに
字を書けるか、読めるか。
置いてきぼりにならないように
前倒しで準備が始まる。

よその子はもう
あんなにすごい絵を描くのに。
大人の言ってることを
あんなによく理解できるんだ。
もうあんなに遠くまで
ボールを投げるんだ。

それに、比べて。
わが子の足りないところに

Ⅲ　なんでもできなくてはいけませんか？

ついつい目が行く。
足りないところしか
目に入らなくなることもある。
「もう４歳なのに
なんでそんなことができないの！」
口から思わず出てしまう。

つい３年前までは１歳だった。
そのころは
「よしよし」「かわいいねえ」って
いつも言われていたのにね。
こどもにしてみたら
「たった数か月、たった数年で
ママは変身しちゃった」
そう、言いたいことかもね。

でも、なんでも、できないよりは
できたほうがいい……。
そう思います？
そう思わない人は少ないみたい。
いや、ほとんどみんなそう。

53

過大な期待はかけません。
この子らしく育てたい。でも、
勉強はやっぱり、少しはできたほうがいい。
ぜんぜんできないとかわいそうだから。
スポーツもできたほうがいい。
できないと恥をかくかもしれないでしょ。
英語もしゃべれないとかわいそう。
それに、友だちがいなかったらかわいそう。
コミュニケーション能力を育ててやらないと。

「なんでも、できないよりはできたほうがいい」。
「親としてできるだけのことはしてあげたい」。
「よかれ」と願う、善意の親心。
これ、実は、困りものなんです。

僕の現場。
生きづらさをかかえたこどもたちの
現場から見ると。
実はこの親心に
一見、こどもを大事にしているように見える
その先に落とし穴がある。

Ⅲ　なんでもできなくてはいけませんか？

よその子より
先回りしたくなっちゃう。
そして、人と比べて
不安になる。

親の「よかれ」が
こどもを追い詰める

逆上がりは
小学校入学くらいまでにクリア！
そうでないと
学校に行けない子になっちゃう。
本気でそう思ってる母さんと出会いました。

母さんのストーリーはこうです。
だって、逆上がりができないと
体育の時間に「おなか痛い」って
休むようになるでしょ。
やがて、体育のある日に休むようになる。
すると、休みぐせがついて
学校行かない子になっちゃう。
だから私、決めたんです。
逆上がりの家庭教師をつけます。

このストーリー描いたのは、

Ⅲ なんでもできなくてはいけませんか？

この母さんだけではなかった。
ということで、体育の家庭教師が大繁盛。
体育大の学生のいいアルバイトになってるという。

「体育の家庭教師なんて！」と笑う親でも
小学生のこどもに買ってあげている靴があります。
そう、「瞬足」です。
「みんな『瞬足』はいてるよ」って
こどもに言われると、
しょうがないナーと言いつつ、買い与える。

日本の学校の運動場のトラックは左回り。
だから左回りに特化した「左右非対称ソール」を
搭載した靴です。
「速い子はより速く、苦手な子には"夢"を」って
メーカーのサイトに書いてありましたよ。

ある地域では、
小学校の運動会の席取りに
親がブルーシートを持って並びます。
その時刻、前日の深夜０時30分。

幼稚園ではもっとすごくて
前日の夜8時からですって。
おじいちゃんおばあちゃんが
並んでることもあるんだって。
こどもが一番でゴールするところを
良い場所で撮影したいから。

一番というところが肝心なんです。
ビリでは、とてもかわいそうなのね。
あまのじゃくの僕の押さえきれない思い。
でも、みんなが足速くなきゃ、ダメなの?
徒競走で一番になれないのは
ほんとにかわいそうなの?

だって、
「できないことがあるとかわいそう」
この考え方が
こどもを追い詰めることもあるんです。
たいてい、こどもは
大人の期待に応えよう、
「すごい」「えらい」ってほめられたい。

Ⅲ なんでもできなくてはいけませんか？

だから、ちょっと無理をして
一番を目指す。

徒競走でも、勉強でも
友だちの数なんかでも。
「理想のこども像」を
演じ続けることにもなる。
やがて、それを演じ続けることに
疲れる。
限界を感じる。

そこからが、悲劇。
こどもたちは自分を責める。
親の期待に添えない、だめな子だって。

早くから人と比べられて育った子は
できなかったことで傷つき、
自信をなくしていきます。

できないことの一つや二つあっていい。
いや、もっとあってもいい。

できなくてくやしかったり
悲しかったり
恥ずかしかったり。
そんな感情も
たっぷり味わったほうがいい。

親はどうしたらいいの?
悲しみやつらさ、くやしさを
そばにいて
しっかり聴いてあげる。
「悲しかったね」
「つらかったね」
「くやしかったね」
そのときの思いを
そのまま受け止めてあげる。
親にできることは、そこまで。
でも、
こどもにとってはそれで充分なんです。

Ⅲ なんでもできなくてはいけませんか？

できないことの
一つや二つ
あっていい。

友だち100人
できるかな♪

「なんでも、できないよりできたほうが」の中に
「友だちも多いほうがいい」というのもあります。

「うちの子、仲間はずれにされないかな
ちゃんと友だちができるかな」
小学校に上がるこどもを持つ親にとって
いちばんの悩みがそれです。
友だちがたくさんいるかということに
ものすごく神経をつかう時代ですよね。

小学校に通いだしたこどもが帰ってきて
「ただいま」と言う間もなく
「友だちできた？ 何ちゃん？
お名前言ってごらん？ まだできないの？
お母さん電話してあげようか？」って。

親がつくりあげる理想のこども像の中で

Ⅲ　なんでもできなくてはいけませんか？

成績やスポーツでの評価については
なんとか頭でそぎ落とすことができます。
でも、友だちの存在だけは最後まで
どの親も簡単には抜け落ちません。

僕の実感では、この
「友だちに関する親や先生からの評価」がもとで
ひとと出会い、接するのが怖くなって
動けずにいる若者が、実は少なくないのです。

「１年生になったら、友だち100人できるかな♪」
まじめな母さん父さんはこの歌に反応してしまう。
100人っていう数字に反応しちゃう子にも
出会います。
あえて、言ってあげたいな。
「100人？　できるわけないだろう！」って。
友だちって無理やりつくるもんじゃない。
まして、数で競うもんじゃない。

小さいころは親がお友だち。
それだって、いいんですよ。

「友だち100人
できるかな♪」……
できるわけないだろう！

自分で決める
ということ

今、こどもたちは
自分のやりたいことより、
やらなきゃいけないことに
取り巻かれています。
それはもう、ちっちゃいときから。

たとえば習いごと。
ある民間調査機関のデータ[*]によると
1歳で習いごとをやっている子は
全体の17パーセント。
3歳では38パーセント。
6歳では77パーセントでした。

これから習いごとをはじめて、
調子よく続けて
大好き！　なことが増えていったら、
それはよかった。

楽しい時間を親子で過ごせてハッピー。
それを全部ダメとは言いません。

でも、こどもたちは
あるとき「やめたい」と言いだすこともあります。
そのとき、親は
やめさせる勇気をもっていてほしい。

まずは、「やめたい」と
勇気をふりしぼって言った子に、
「一度はじめたことを途中で投げ出す子はきらい」
とか
「あんたがここまでくるのに
母さん、パートに出て一生けんめい稼いで
大変だったんだから。
お金返してちょうだい」
なんて、言わないであげて。

「もう少し続けたら楽しくなると
母さんは思うよ。でも、
どうしてもあなたがやめたいと思うなら

そうしたらいいと思う。
だけどあとで
『なんであのときやめたいというのを
止めてくれなかったの』
なんて恨まないでね」。
……お母さんの気持ちや意見は静かに伝える。
そして、こどもが決めたことを尊重する。

よかれと思って親がやらせたこと。
それを、こどもが自分の言葉で
「やめたい」って言えるようになったら
その力をむしろ、ほめてあげてほしい。

「ほんとはあれじゃなくて
こっちをやりたかったのに……。
こうなっちゃったのは、母さんのせいだ」
なんて、
なんでも人のせいにして生きる人に
なってほしくないと願うなら
いちばん大事なのは
「自分で決める」こと。

＊第4回幼児の生活アンケート（ベネッセ教育総合研究所・2010年）

なんでも人のせいにして
生きる人に
なってほしくないと
願うなら
いちばん大事なのは
「自分で決める」こと。

比べない
ということ

こどもはいつも、自分の「今」を生きてます。
大人はいつも、
「世間体」や「常識」を気にして
生きてしまいがち。

そして、それを、こどもやその成長にも
当てはめようとします。
「○歳ならこれくらいできて当たり前」とかね。
迷惑な話だなあ。
こういう「ものさし」
子どもにあてること、
いったん、はずしましょ。

「普通できるでしょ？」も禁句です。
その子の「今」を受け入れましょう。
いろんな「障がい」をもつ子の場合も
そうでない子の場合も同じです。

できないことは少しずつ
その子のペースでチャレンジしていけばいい。
人によってはできないままのこともある。
大人だって
できないままのこと、あるでしょう?
ときには、できないことを
できないんだーって引き受ける。
いい意味で、あきらめる。
それも大切な力です。

だいいち、
「○歳なのになんでできないの?」
こういう考え方、誰も幸せにしません。
「○ちゃんはできるのに」
これは明らかに人を不幸にします。
比べるって、最小限のエネルギーで
人をヘコませるワザだから。

「子どもの権利条約*」って
きいたこと、ありますか?
夢パークのある神奈川県川崎市でも

Ⅲ　なんでもできなくてはいけませんか？

この条文をもとにして
オリジナルの条例※※をつくったときのこと。
こどもたちが親や先生に言いたい！　ことの
トップは、「比べるな！」でした。

とくに、きょうだいを比べるのはやめようね。
「妹ができるのにどうしてお姉ちゃんのあんたが」
「お兄ちゃんみたいにやりなさい」
こんな言い方されて、
「なにくそ！　見返してやる！」
なんてやる気を起こす子、
めったに出会わなくなりました。
それどころか、
「あっそ。母さんは妹のほうが好きなのね」
「どうせ、僕は、いらないんだね」
そうなります。

＊子どもの基本的人権を国際的に保障するため、1989年に国連総会で採択された条約。日本は1994年に批准。
＊＊川崎市子どもの権利に関する条例
日本で最初の子どもの権利に関する総合条例。2000年12月の市議会で全会一致で成立、2001年4月施行。筆者も1998年から「川崎市子どもの権利条例調査研究委員会」の世話人の一人として条例づくりに参加した。

比べるって、
最小限のエネルギーで
人をヘコませる
ワザだから。

Ⅳ

「だいじょうぶ」は魔法の言葉

「抗菌お砂場」の生きづらさ

「このあたりにきれいなお砂場はありますか？」
そう聞かれることが増えました。
「犬や猫のうんちがあるようなお砂場で
遊ばせるのは抵抗があるんです」
そんな母さんたちがたくさんいます。
たしかに、公園のお砂場に網がはってある。
お砂場そのものが消えちゃったところもある。

そして「抗菌お砂場」の登場。
インドア型で不審者が入ってこられない、
親子でしか入れない、有料の遊び場もあります。
うちの近所で流行っているのは
スーパーの大型店舗の中。
下で買い物して上で遊ばせる。
売りは「定期的に除菌をしています！」
防毒マスクみたいなものをつけて
除菌している光景が

Ⅳ 「だいじょうぶ」は魔法の言葉

ホームページで紹介されていました。

そんな、危険なものをまいた場所で
こどもを遊ばせていいのかな?
防毒マスクをつけて遊ばなくていいのかな?

日本でも、僕らがこどものころは
あちこちに野良犬がいっぱいいましたよ。
1970年の大阪万博がはじまる前のことかな。
日本中のいたるところに犬が、猫が、歩いていた。
だから、こどもが歩いていて
犬のうんち踏んじゃうのは当たり前。

僕らの楽しみは、うんち拾い!
砂場をざくざく掘って
「あったあ! かりんとう!!」って
犬猫のうんちを拾って
ポキポキ折って遊びました。

親たちも「ばっちいよ」ぐらいは
言っただろうと思うけど

今なら、大騒ぎだね。

そうやって「汚ない」遊びをした僕たちも
今こうして生きていられるし、
おやじやお袋たちは元気だし、
その上のじいちゃんやばあちゃんだって元気で
100歳を超えた人が何万人もいる（！）
びっくりするほど長寿の社会です。

「除菌・抗菌」が常識になってから
むしろ大人の不安は広がり
こどもたちの元気がなくなってきたと感じるのは
僕だけだろうか。

たとえ除菌して体が守られたと親が思っても
こどもの心の中には不安が広がっていく。
これ触っても平気？
これは汚なくないの？
過度な親の心配や不安が
生きにくい子を生み出してると思えてなりません。

「除菌・抗菌」が
常識になってから
むしろ
大人の不安は広がり
こどもたちの
元気がなくなってきた。

もしも、のことが
あったら……

「もしも、のことがあったら……
恐い事件もあるし」
今、親は、"もしも"のことがあったらと
不安で仕方がない。
事件・事故・病気……こどもを取り巻くリスクを
解消しようとする。

親の目の届かないところで
不審者に連れ去られたり。
万が一にもそんなことにならないように。
GPS機能つきの携帯電話や
防犯ブザー持たせて、
親はこどもの居場所をつねに確認します。
そんなサービスを利用する人も
少なくないそうです。

駅の出入札記録が

Ⅳ 「だいじょうぶ」は魔法の言葉

親の携帯にメール送信される
ICカード乗車券のサービスも
広がりつつあるとか。
多少、お金がかかっても
こどもが
「いつ、どこで、なにをしているのか」
を把握して
"安心"を手に入れたい、と思う親たち。

だからこどもは、四六時中行動が管理される。
放課後や寄り道といった、親の目の届かない
"自分だけの、こどもの時間"を
失いつつあるのです。

さらに、公園に目をやると
「よい子の約束」がずらり。
「はだしで遊んではいけません」
「かばんを背負ったままで
遊ぶのはやめましょう」
「マフラーを巻いたままで遊んではいけません」
そして、きわめつけは

「ふざけて遊んではいけません」。

日本もアメリカ型の訴訟社会へまっしぐら。
だれかの責任を問う社会となって
こどもたちが思うままに
冒険と挑戦をする機会が
急激に減ってしまった。

これ、こどもたちが心に闇を抱え
いろいろなものをためこんで育ってしまう
原因でもある、と思う。

寄り道って
今日一日の心のもやもやを解消するために
とっても役立っていたことに
大人になって気づきました。
目的地と自分の場所を往復するだけでは
心のバランスがとれないときもあるでしょう？

親が見ていない時間と
"すきま"がほしい。

Ⅳ 「だいじょうぶ」は魔法の言葉

親が見ていない時間と
"すきま" がほしい。

カメラがもたらす
不幸せ

保育園で園内にカメラを設置して
家庭のパソコンに
常時画像を送るシステムがあります。
いつでも自分の子の姿を見られるから
「安心よね」ってことで、人気に。

けれど、マイナスもあった。
こどもの一日が丸見え。
「食べ散らかしているのが恥ずかしい」
「うちの子が泣いてる」
「なんであんなことができないの」
できることより、できないことが丸見え。

親はもう全然落ち着かないし、
保育士もストレスたまっちゃって
カメラの死角にこどもをつれてって
叱ったりする。

Ⅳ 「だいじょうぶ」は魔法の言葉

こどもも親も保育士も
だれも幸せにならないシステムだった。

僕は森を歩くのが大好きです。
昆虫にくわしい人と一緒に歩いたときに
印象に残った言葉。
「虫や沢ガニをつかまえたら、
なにか入れてあげて。
石ころでも葉っぱでも土でも。
虫はね、
ずっとまわりから見られていると
死んじゃうんだよ」

人間も同じかなあ。
とくに、こどもたち。
大人の視界から逃れるすきまが
あったほうがいい。

あんまり、見えすぎないほうがいい。
どんな関係でも。
そう思います。

「虫はね、
　ずっとまわりから
　見られていると
　死んじゃうんだよ」

Ⅳ 「だいじょうぶ」は魔法の言葉

不審者対策の
まちがい

安心・安全を求める気持ちは
不審者対策へと向かいます。
そもそも「不審者」って、だれ？
こどもに危害をくわえる人って、だれ？
本当に、暮らしは
不審な人によって脅かされているんだろうか。

犯罪件数から見れば、昭和の時代に比べると
こどもが知らない人に連れ去られて
殺される事件なんてどんどん減っていますよ。
平成に入ってからも、その数は減っている。
こどもの凶悪犯罪も増えていない。
だけど、なぜか
犯罪が増えているかのように感じてる。

1989（平成元）年に
13歳未満のこどもが殺された事件は182件。

2012（平成24年）で67件ぐらいまで減ってます。
それでも、これだけのこどもが殺されている。
やばいよ、やっぱりこの社会、
怖いよということになる。

でも、
知らない人に連れ去られて殺された事件は
平成年間を平均して１年間に
未遂事件を含めて５、６件。
こどもへの暴力や虐待について発言を続ける
森田ゆりさんの本に出ています**。

では、こどもはどこでどうやって
殺されているのでしょうか？
圧倒的多数のこどもたちは
家庭で、親や親族に殺されているんです。
不審者じゃない。

今、こどもたちに
「知らない人に声をかけられたら
応えてはいけません」と教える時代です。

Ⅳ 「だいじょうぶ」は魔法の言葉

僕らのころは、「知らない人に
あめ買ってあげるから一緒においでといわれても
ついてっちゃいけません」と教わった。
今は、知らないおじさんが
下校中のこどもたちに
「今日はプールだったんだね、いいねー」って
声をかけてくれても
「応えちゃいけません」
「目を見てもいけません」。

こどもたちは
「知らない人はみんな怖い人なんだ」と
小さいころから教えられる。

だから、家から出られないこどもが増えてきても
おかしくないでしょう。
家がいちばん安全なんだから。
家の中でゲームして
おいしいもの食べていられるんだったら、
出たくなくなって当たり前。

＊『平成25年警察白書』（警察庁）による。
＊＊『子どもが出会う犯罪と暴力』（森田ゆり・日本放送出版協会・2006年）

「知らない人は
みんな怖い人」と
教えられる
社会。

Ⅳ 「だいじょうぶ」は魔法の言葉

「賞味期限が
切れてるよ！」

「このパン、賞味期限切れてるよ。
もう２日も前だよ、
いつまでこんなもの置いとくの。
まちがって食べちゃうところだったじゃん。
早く捨ててよ」
こどもがお母さんを怒っているんです。
お母さん、すぐさま謝罪。
「ごめんねー、気づかなかった」

そんなもの、僕の感覚だと
「食べてみりゃいいじゃん」
っていうだけのこと。
そもそも、コンビニで売ってるパンが
賞味期限を１日２日過ぎたからといって
体をこわしたりするんだろうか。

自分の舌で味わって

においをかいで、
ちょっといたんでいるかも、
と気づける力のほうが大事なんじゃないのかなあ。

僕がこどものころ。
もうずいぶんと昔といえば昔の話だけれど。
「ここに緑の点々があるんだけど」
と、ちょっと怪しい食パンを母親に見せる。
すると
「ああこれね、はい、はい、はい」って。
戻されたのは、穴のあいたパン。
「ほらー　穴から顔が見えたね」って笑う母。
「これ、食べるんだな」って
思いました。

「このごはん、
納豆かけてないのに糸ひいてる」って言うと
「もっておいで」と母親が言う。
お茶碗をもっていくと
ごはんをザルに開けて、蛇口ひねって
どうすんだろと思ったら

Ⅳ 「だいじょうぶ」は魔法の言葉

シャカシャカシャカって洗ってる。
「今日はうまいおじやつくってやるからね」。
ああ、食うんだ……。

でも、母親がつくってくれたものは
「おいしい」って食べました。
ほんとにおいしかった。
卵でとじてね。
食べちゃえるんです。
「もったいない」っていう文化も
そのころは生きてたんですね。

そういえば
「3秒ルール」っていうのもありましたね。
地面に落ちた食べもの、
母さんが拾って、フッフッて払って
3, 2, 1、
「3秒以内ならだいじょうぶ！」って（笑）。

人間の体には生まれながらに
いろんな菌と戦う免疫力というものが

そなわっている。
だからちょっとぐらい汚いものを触ったり
口の中に入れてもだいじょうぶ。

こどもたちを不安にさせているのは
目に見えない菌じゃなくて、
「それさわっちゃダメ！」
「食べちゃダメ！」
「汚いよ、病気になるよ！」
という母さん父さんの心配顔。

それを見ているうちに
おなかが痛くなってきちゃったりします。

大人の心配顔。
食べ物にも、遊びでも、人との関係でも
暮らしのあちこちにあふれています。
こんなに心配されながら
こども時代を過ごした世代があるでしょうか。

環境汚染やさまざまな事件・事故。

Ⅳ 「だいじょうぶ」は魔法の言葉

問題がないとはいえない社会です。
けれど、過去を振り返っても
世界を見渡しても
ここまで不安を感じる必要があるだろうかと思う。

もっと「だいじょうぶ」って
もっと「安心して」って
こどもに言っていい。
言ってあげましょうよ。
微笑みかけてあげましょうよ。

こどもにとって「だいじょうぶ」は
いつでも魔法の言葉なんだから。

もっと
「だいじょうぶ」って
言ってあげましょうよ。
微笑みかけて
あげましょうよ。

V

暮らしの
面倒くささを
手放さない

ごはんの
チカラ　1

小さな古い木造アパートで
「フリースペースたまりば*」はスタートした。
それから、ずっと
続けていることがひとつだけあります。
それは、毎日みんなで
お昼ごはんをつくって食べること。

最初のころ。
とにかくお金がなかったから
コンビニなんかで買ってると
高くついてしょうがない。
せめてごはんを炊くとか
スパゲティやおそばゆでるとか
安上がりにしようよ、ということで
はじめたんですけど。

いつの間にか料理にはまる子があらわれ

Ⅴ　暮らしの面倒くささを手放さない

料理好きな大人も一緒になって
みんなの分を作るようになった。
そしたら、実は
これがすごく大きな意味があったんだって
ずっと後で気づいたんです。

フリースペースのドアが開くと
まずは、その日のお昼ごはんを
つくりたい子とスタッフが
献立を話し合います。
前日の残り物チェック。
それから、畑に行って
今日食べられそうな野菜を確認。
スーパーに寄って
お買い得食材をチェックしてから
来る若者もいます。

メニューが決まれば
買い出しに行く人、
お米をといで炊飯器をセットする人、
畑で野菜を収穫する人、

すでにある野菜をカットする人。
これは当番ではなく、
だれとはなくその場にいる人が
それぞれの意思で動きます。

おみそは自家製。
こどもたちと1年おきに仕込みます。
こんぶ、かつおぶし、煮干し……
だしにこだわるメンバーも多くて
既成品のルーなんかも使わずに
カレーやシチューをつくります。

かぎられた食材と調味料で
いかにおいしいものをつくり出すか。
料理って、
遊びの要素をたくさん含む
究極のものづくり。
そして、「安心して失敗する」ための
絶好の場でもある。

毎日、30人から40人分ぐらいの

Ⅴ 暮らしの面倒くささを手放さない

昼食づくり。
そして、座卓をいくつもくっつけて
みんなで、いただきまーす!
「つくってくれた人、ありがとう」の
声もあちこちから上がります。

人から感謝されるって気持ちいい。
僕にもできた、
私もサラダを盛りつけた、
ちっちゃな自信が生まれます。
自分で食べるものを自分でつくれるって
当たり前のことだけど
とっても刺激的なこと。

＊「フリースペースたまりば」
学校や家庭、地域の中に自分の「居場所」を見出せないこどもや若者たちが集まる場所として1991年に川崎市高津区でオープン。

料理って、
「安心して失敗する」
ための
絶好の場でもある。

Ⅴ 暮らしの面倒くささを手放さない

ごはんの
チカラ　2

食べる。
食卓を囲む。
そこには
それまでの家庭生活、学校でのできごとが
からんでいます。
よい記憶や思い出ばかりとは限りません。
緊張感がつきまとっている。
そんなことも少なくありません。

だから、無理やりはいけません。
みんなと食卓を囲まなくてもいい。
食の質も問いません。
まずは安心して食べられる
環境があればいいんです。

やがて、
背を向けてカップラーメンをすすっていた子が

こちらを向き
やがて、同じ食卓で皆と同じものを
食べるようになっていく。
「同じ釜の飯を食う」っていうのは
そこにある人間関係を
受け入れていくプロセスなんだなって
しみじみ思います。

食事をつくる。
これもひとさまのためだけではないですね。
自分でごはんがつくれるという自信。
しかも、他人から感謝される経験。
人の役に立つ喜び。
なにより、おいしいものを食べているときの
みんなの笑顔に出会える。
「ひとりじゃないんだ」と実感する。

人とのつながりを取り戻したとき
それは、暮らしを取り戻すことにもつながる。
そこに自信というおまけもついてきます。

Ⅴ 暮らしの面倒くささを手放さない

フリースペースでの食事づくりのひと手間。
時間がかかる、ちらかる、ケガすることもある。
でも、暮らしの中の
「面倒くさい」ことをあえて手放さない。
そう大人たちが覚悟をきめたら
こどもたちの目に輝きが戻ってきた。

きれいな完成品を買って消費する文化の中で
奪われていった、生きる力が
蘇ってきた。
とっても大きな発見でした。

暮らしのなかの
「面倒くさい」ことを
あえて手放さない。

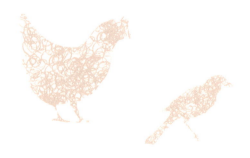

遊び心で
お手伝い

小さいこどもはみんな
「やりたい」の塊(かたまり)。
母さんがティッシュ1枚取るのも真似したくて
何枚も何枚も、何枚も取ってくれる。
「おてつだい、するの」って
野菜を切るのも
ゴミ箱を持って来るのも
やりたい！　やりたい！　やりたい！

ところが、成長するにつれてだんだん
「やりたくなーい」
「だるーい」
「めんどくさーい」ってなっていっちゃう。

なぜなんだろ？
「やりたい」が、どうして
「面倒」に変わっちゃうんだろ？

それはね、こどもの「やってみたい」より
親の効率を優先してきたから。
お手伝いされると、
かえって時間かかる。
危なっかしいし。
こどもが不慣れにチャレンジすることを
しばし待つ。
その心の余裕が大人にない。

家で役に立つ出番がない。
こどもがほめられるのは
勉強したときぐらい。
親に「ありがと！」って
感謝されるチャンスがない。
僕、お母さんの役に立っている。
私、お父さんを助けてあげられる。
おじいちゃん、おばあちゃんの
お世話をしてあげられる。
そんな経験や実感が
ほとほとない。

Ⅴ　暮らしの面倒くささを手放さない

だから、小さいときの「やりたい」を
出番につなげてあげたい。
まずは、遊びの延長でいい。
お豆むいたり、
たまご混ぜたり。

ちょっとがまんして、ちょっと時間をかけて。
2歳なら2歳、3歳なら3歳なりの
「助かる！」っていえるシーンを増やす。
「ごめんね、あれ取ってくれる？」
なんて、声をかける。大人は動かない。
そのたびに、「ありがと！」を
積み重ねていく。

そんななにげない「ありがと！」が
根っこの安心感を作ります。
このうちの子でいいんだ！
それは、「お宝ちゃん」の
なによりのお守り。

遊び心でお手伝い。
そして、そのたび
「ありがと!」を。

手を出しすぎない
ということ

「親がやっちゃったほうが早いのよ」
そういうことたくさんありますよ。
たとえば、キャンプの荷造り。

こどもたちとキャンプに行くと
いろんなことがあります。
キャンプの間じゅう一度も着替えない子。
着替えはちゃんと持ってきているんですよ。
でも、荷造りはお母さんがやってくれたから
なにが入っているのかわかんない。
どれを着たらいいのかもわかんない。

シャワー室で見つかった忘れ物のパンツ。
「だれの?」って聞いてもだれも名乗り出ない。
自分のかどうか自信がもてない。
忘れ物をしたらかわいそう。
そんな親の先回りで

かえって不憫(ふびん)なことになっちゃっている。

「ただいま」と家に帰った父さん。
一枚一枚洋服を脱ぎ捨てる。
それを、妻である母さんが拾って歩く。
妻が町内会の寄り合いなんかに行こうとすると
「俺の飯はどうするんだ」って。
……化石？
いいえ、今もあるんですよ、そういう家庭。

しかし、いくらなんでも
息子や娘の将来はそれではすみません。
いや、父さんの将来だって
それこそ不憫です。

だから、「手を出さない」と心の中で決めること。
その子の成長に合わせて
できることは自分でやってみる。
その習慣づけが大事です。
まずは、ここから。
ちゃんとできなくても、時間がかかっても。

Ⅴ 暮らしの面倒くささを手放さない

母さんが手を
出しすぎない。
父さんにもね。

忘れ物で
困らない子

小学校でよく忘れ物が問題になります。
「忘れ物がないように
おうちの人はよくチェックしてください」って
担任の先生は言います。

1年生、2年生、3年生くらいまでは
「ほらほら、明日の用意」
「図工の材料は？」
「ハンカチは？」なんて
言われれば動く。
けれど、親に言われなければ動かない。

4年生になっても、5年生になっても
自分でできるようにならない。
毎日ガミガミ叱るのも、親のストレス。
そこで、親はどうしよう!?
いつまで手伝う？　どこまで手を出す？

V 暮らしの面倒くささを手放さない

なんて、悩みます。

すると、「放っておけばいいよ」
っていう意見もあります。
忘れ物をして本当に困ったら
自分でやるようになるだろうと。
で、放っておいてみた。
だけど、やっぱり忘れ物する。
そして、困らないのよ本人は、
ぜんぜん（笑）。
だからやっぱりできるようにならない。

どうしようって？
これはもう、「困らないんだな」って
思うしかないよね。
まわりの人に迷惑をかけるかもしれないけれど
いつまでも親が肩代わりすることも
できません。
あくまでも彼・彼女の問題。
困るのもこども、困らないのもこども。

親にできることは
クウ・ネル・ダス

結局、親にできることって
「ごはん食べられてるかな」
「ちゃんと寝てるかな」
「ちゃんとウンチ出てるかな」
それを気にかけることぐらいなんですよね。

食う、寝る、出す。
赤ちゃんのときは
離乳食、夜泣きが大問題だった。
「クウ・ネル」が当たり前のように
できるようになり
やがてウンチもあんまり問題なくなって
漢字ドリルのでき具合とか
ほかのことに関心がいくようになっちゃうけど。

でも、こどもがかなり大きくなっても
基本は変わりません。

Ⅴ 暮らしの面倒くささを手放さない

大きくなると、「ダス」が関心外になりがちだけど
実は思春期のころなんか
心理的なストレスで便秘や下痢になっちゃったり
よくあることだよね。

人間にとって生きることって、
自然と闘いながら
今日、ごはんが食べられて
今日、寝る場所があって
今日、いいウンチが出た。
その積みかさねでした。

だから、親にできることは「クウ・ネル・ダス」。
クウネルダスは命の源。

親を20年以上やってきて
生きづらさをかかえたこどもや親と
30年近くかかわってきて
たどりついたのは、
あまりに単純なようだけれど
そのことでした。

「食う、寝る、出す」を
気にかける。
親にできることって
これぐらいだよね。

Ⅵ

「ゆるママ」
「ゆるパパ」
のすすめ

「わたし、
バカだもん」

こどもたちの自信が
すっかりそぎ落とされているなあ。
それも、大人が思う以上に
うんと幼いころから。

保育士さんに聞いた話です。
年中さんぐらいになるともう、
「わたし、バカだもん」
「ぼく、ダメだもん」
なんて言うこどもたちがいる。
とっても気になるんですって。
そりゃ、気になるよね。

あるとき講演会でこの話をしました。
そしたら、「それ、うちの子です」って
ワーッと泣きだした母さんがいました。
2歳半のこどもが

机に頭をたたきつけながら
「○○ちゃんバカだもん、ダメだもん」って
泣きながら言うんですって。

その泣きじゃくる姿を近所の人に見られたら
虐待と思われてしまう……
だから、窓をロックして
カーテンも締めきっているんですと
母さんは泣きながら話してくれました。

それから、就学前のこどもが
「死にたい」って口にするんです。
これも実際にある話です。
なぜなんでしょう。

オギャーと生まれてくるとき
「バカだー」
「ダメだー」
と泣く子はいないのに。
わずか5年や10年生きた
「お宝ちゃん」が

「自分なんか生まれてこなければよかった」と
思いつめる。

どの母さんだって
こどもに幸せになってほしいと思って
子育てしています。
時間かけて、お金かけて、愛情もかけて
こどもの幸せを願っているのに
親も子も生きづらいって
いったい、どうしてなんだろう?

Ⅵ 「ゆるママ」「ゆるパパ」のすすめ

オギャーと
生まれてくるとき
「バカだー」
「ダメだー」
と泣く子はいないのに。

本当は
親だって泣きたいよね

「わあーっ」と大声あげて
泣くこどもの姿を最近あまり見かけない。
ちょっと前までは、電車の中でもお店の前でも
こどもがしょっちゅう泣いていたと思う。
「あのおもちゃがほしい」
「おなかがすいた」
「まだおうちに帰りたくない……」

泣くことはこどものだいじな自己表現。
「いやだよ」「これがやりたいんだよ」
って自分の思いを訴える
唯一の手段だよね。
一昔前までは、なだめたりすかしたりしながら
こどもの要求をかなえられないときは
気がすむまで泣かせておいた。
「ほしいんだね、でも、今日は買わないよ」
やがてこどもは泣き疲れて眠っちゃったり

Ⅵ 「ゆるママ」「ゆるパパ」のすすめ

なんで泣いてるのか、忘れちゃったり。
そんな親子のやりとりに
周囲の大人たちは寛容でした。
「ああ、泣いてる、泣いてる」
「こうやって大きくなっていくんだよね」って。

でも今はちがう。
「母親がそばにいるのになんで泣かせてるんだ」
「うるさいよ、黙らせろ」
有言無言のプレッシャーに耐えかねて
親はこどもの泣き声を押さえつける。
「静かにしなさい」と叱りながら
仕方がなくおもちゃを買い与えたり
コンビニの食べものをあてがったり
あわてて電車を飛びおりたり。

「目」が気になるんだよね。
冷たい目が。
「親である私」を評価する
そんな目を感じてしまう。
すると、自分の目の前の

わが子の成長にとって
どうするのがいいか……
それは後回しになってしまう。

虐待報道があるたびに
まじめな親ほどナーバスになっています。
家の中でもこどもを泣かせてはいけない。
泣き声が漏れると通報されてしまうかもしれない。
とにかく、黙らせなくちゃ。
窓を閉めてカーテンを引き
泣き声が外に漏れることにおびえる。

ひりひりとした緊張感は
やがてこどもにも伝わります。
「悲しいよー」
「悔しいよー」
「もうたまらないよ！」
そんな気持ちを素直に表現できないまま。
親子でカーテンの内側に閉じこもる。
本当は、親だって
大声をあげて泣きたいんじゃないのかな。

理想は
「迷惑をかけない子」?

おひさまをいっぱい浴びながら、シャベル片手に
穴掘りに熱中する2、3歳児たち。
「そうだ、この穴にお水を入れましょう」
一人の女の子がそうつぶやいて
じょうろで水を汲んで戻ってくると
さっきまで使っていたシャベルがない。
別の子がそれを使っていて
さっそく取り合いのけんかがはじまった。

すぐさま親が飛んでくる。
「取っちゃダメでしょ!」
「『ごめんなさい』は?」
こどもの話なんかまったく聞かず
わが子に謝らせようとする。

「そういうときは『かして』って
やさしくお願いしてごらん」

「○○ちゃん、ごめんね。
ちょっとかしてあげてね」
「『ありがと』でしょ、はい、言ってごらん」

芽吹いたばかりの遊び心の芽が
すっかりしぼんじゃった。

大声で叱ってた母さんに聞いてみました。
「ほかのお母さんの目線が気になって
ついわが子にきつくなっちゃう。
ちゃんとしつけができない非常識な親だと
思われたくないんです」

こどもへの評価が
自分への評価に結びつきやすい社会だから、
こどもがちゃんとしてないと
親がだらしない、って思われちゃう。
だからこどもを
みっともない子にはできない。

幼稚園に通うこどもをもつ親に

Ⅵ 「ゆるママ」「ゆるパパ」のすすめ

「理想のこども像」を尋ねたアンケート。*
次の設問に「はい」と解答した人は
98〜99％でした。
「人に迷惑をかけない」
「礼儀作法をわきまえる」
「ルールや決まりを守れる」……

でもね。
「人に迷惑をかけちゃダメ」って
小さいときから厳しく教え込みすぎないで。
僕は、そうアドバイスしています。
それは、思春期に「問題行動」を起こしたり
生きづらさを抱えている子やその親の
相談ケースから学んだことなんです。

＊国公立幼稚園長会の調査（2010年）

「正しい親」を
頑張りすぎないで

みんな、自分の子には厳しいです。

よその子がなにかしでかしても
「まあ、いいじゃん、こどもってそんなものよ」
って寛容でいられる。
でも、わが子にはそうはいきません。
「なにやってんの！　みんなに迷惑でしょ！」
って大声で怒っちゃう。
「正しい親」を頑張りすぎていませんか。
ついつい、子どもに「正しさ」や「完璧さ」を
求めすぎてしまうあなた。

「もっと、ゆるくていいんですよ」って
僕は言いたい。
「親なんだから、しっかりしなくちゃ」
そんなに力みすぎないで。
「ゆるママ」「ゆるパパ」くらいでちょうどいい。

「親なんだから、なんでもできなきゃいけない」
そんなこと、思わなくていいですよ。
むしろ、こどもの前で
親の弱さがすけて見えたほうがいい。

「私は泳げないんだけど
それを知られるとこどもが水泳嫌いになるかも」
「人づきあいが苦手だってことが
こどもにばれちゃいけない」
「これが苦手、これはできないってわかったら
私のこと、ばかにして
言うこときかなくなるんじゃないか」
そんなこと考えていませんか。

だいじょうぶ、母さん父さんが好きって気持ちは
そんなことではゆらぎません。

できないことがたくさんあったっていいんです。
少々ずっこけているくらいのほうが
こどもはのびのび育ちます。

親なんだから、
なんでも
できなきゃなんて
思わなくていい。

ゆるくなれない人が
親になったら

会社で頑張り
家でも完璧。
ＰＴＡや町会のしごとなんかでも
しっかりしたところを見せる親。
そんな親のもとで
こどもが行き詰まる。

ドジをふんだり
ぬけてたり。
ときには家族があきれるほど
かっこ悪いところを見せる親。
でも、そのほうがこどもはずっと生きやすい。

「私、ゆるくなれないんです」
まじめで手抜きができない。
自分自身が親から厳しく、
「正しくあれ」「良い子になれ」と育てられた人。

こんな人は親になっても苦労しますね。
こどもがひとさまに迷惑かけるんじゃないかと
いつも不安で不安で。
いつのまにか、怒りのスイッチが入ってしまう。
イライラしてひっぱたきたくなったり
混乱してどうしていいかわからなくなったり。

そんなときは
まず、
自分の使った「ものさし」を疑ってみましょう。

私の「ものさし」では
許せないと思ったこと。
あなたの「ものさし」では
どうなんだろう？　どう思う？　って
いろんな人に聞いてみよう。

すると、あるある、
いろいろな「ものさし」。
私が持ってなかった「ものさし」が
ほかにもたくさんある……。

Ⅵ 「ゆるママ」「ゆるパパ」のすすめ

まず、
自分の「ものさし」を
疑ってみよう。

だれかを頼って
いいんです

こどもを「お宝ちゃん」と
思えないことがあっても
それはたいてい、
あなたがダメだからじゃない。
こどもを愛せないと思ってしまうときも
あるかもしれない。
けれど、それは
あなたが疲れている信号かもしれない。

そんなときこそ、SOSの出しどきです。
だれかを頼っていい。
じじばばを頼る、
近所の人に声をかける、
保健所や保育園に相談する。
思いつく手当たり次第の人でいい。

だって、「ゆるママ」には

一人ではなれません。
だれかに依存する力も必要なんですね。
まじめな頑張り屋さんには
それが難しいかもしれない。
でも、そこを頼れたら
あなたはだいじょうぶ。
そして、いつか、だれかに頼られる人になる。

ご近所さんどうしで
こどもを預けあったり。
みんなでよその子を適度に
甘やかすってことを
してもいいのかもしれません。
迷惑かけあってお互いさま。
だれかの弱いところ、足りないところを
だれかが助けて、支え合えばいい。

迷惑をかけないように
過度に気をつかってこどもを育てるより
迷惑をかけあえる社会のほうが
ずっと豊かで生きやすい。

でも、そこを頼れたら
あなたはだいじょうぶ。
そして、いつか
だれかに
頼られる人になる。

パパの役割って
なんだろう

私は「ゆるママ」で良いと思うんです。
でも、うちのパパが
それでは気に入らないから。
……そんな母さんけっこう多いです。

そんなに甘やかしちゃこどもがダメになる。
もっと厳しくしつけないと。
ミルクを飲ませるのが５分遅れた！
なんてパパもいるらしい。

困るのは、そんな父親が
会社の仕事みたいに
育児に取り組むこと。
育児に競争原理を持ち込む。
早く、効率よく、人より賢く、強く……

僕は男親のひとりとして言いたい。

「イクメン」って
つれあいを安心させてこそだよ。
父親の役割は、まずもって
母親に安心を届けること。
育児に一生けんめいになるあまり
かえって妻を追い込んでしまう。
そんなこともあるから
気をつけて。

それから、父親の子育て参加の形。
それは、いろいろあります。
こどもとふれあう、
週末にこどもと遊ぶことだけが
育児参加ではありません。

慣れない子育てにとまどい、
いい母を頑張らなくちゃと思っている
つれあいをねぎらうこと。
その話に耳を傾けて
大変だと感じていることを分かち合うのも
とても大事なことなんです。

Ⅵ 「ゆるママ」「ゆるパパ」のすすめ

「イクメン」の役割。
それは、つれあいに
安心を届けること。

母さんになった彼女が
求めていたこと

息子が生まれてまもないころのこと。
仕事を終えて家にもどると
浮かない顔の妻が訴えます。
「今日はまだ、言葉をひとことも話してないの」

出産間近まで仕事をしていた彼女。
いざ育児がはじまると、
おっぱいあげて、おむつ替えて、洗濯して
１日中誰とも話すことがない。

赤ちゃんのウンチの色や
おっぱいの飲み具合に一喜一憂。
一人で抱える不安がたまっていた。
「今日はなかなか寝つかなかったの」と語る彼女。
僕は苦労を知らずに口先で言った。
「じゃあ、こうしてみれば？」なんてね。
よかれと思ってのアドバイス。

Ⅵ 「ゆるママ」「ゆるパパ」のすすめ

「じゃあ、
私のやり方がいけなかったって言うの?」
妻の怒りはもっともだった。

彼女が求めていたのはただ
「大変だったんだね」という言葉だった。
今なら、それがわかるんだけれど。
そのときは、なんで彼女が怒るのかわからない。
人がせっかくいい手を考えてあげたのに……
なんて思って、すれちがう。

育児休業取得なんて夢のまた夢。
こどもが起きてる時間に
帰宅できない父さんたちが
いっぱいいます。

でも、
今日1日の妻の一喜一憂に耳を傾け
その心配や不安に寄り添い、
精一杯妻を支える。
そういう育児参加の形もあるんだよね。

今日1日の
妻の一喜一憂に
耳を傾ける。
そういう
育児参加の形もある。

ちょっとうちの子、
ちがうかも

ちょっと落ち着きがなさすぎる。
こだわりが強すぎる。
ちょっとうちの子、ちがうかも。
よその子と明らかに、ちがう。
もし、そんなふうに感じても
それが人生のどん底なんて思わないで。

「発達障がい」が子育てや教育の世界で
ブームのように語られるようになった。
この「発達障がい」と呼ばれる子は、
文部科学省が発表しているデータを見ても
6.5％ぐらいはいるという。

「原初の人類は、多動だったんです」と
語るお医者さんもいます。
動物としては力の弱すぎた人間は
つねにあちこち、いろいろ、

注意を傾けなくちゃならないし
多動だった。
危険と向きあって獲物を追っかけていた。
静かに落ちついていたら、あっという間に
猛獣に襲われちゃうし
獲物には逃げられちゃうし。

手をひざの上において
１点に集中していて
身を守れますかって。
人間は、多動だからこそ
身を守ることができ、
生き残ってこれたんだと。

今は、獣は動物園に、エサはスーパーに。
多動を押さえなくちゃいけない社会になったけど
こどもは大人よりずっと自然に近い存在。
４、５歳のこどもがいつでも
「お手々はおひざ、お口はチャック」で
ずーっと長い時間座っていられるほうが
不自然なことなのかもしれませんね。

Ⅵ 「ゆるママ」「ゆるパパ」のすすめ

人類はもともと多動。
多動だったから、
生き残ってこれたんだ。

「発達障がい」という
文化

「発達障がい」を
ひとつの文化と考えることは
できないでしょうか、と
あるお医者さんが言いました。
世界には、ハグする文化もあれば
おじぎする文化もあり、
靴をはいたまま部屋に入る文化もある。
それと同じように考えられないか。

早いうちに「障がい」を見つけ
早いうちに「医療」に結びつけようという流れが
急速に進んでいます。
たしかに、早いうちに
なにかを発見してあげたほうが、
あるところまで
生きやすい子がいるかもしれない。

Ⅵ 「ゆるママ」「ゆるパパ」のすすめ

でも、本当に大事なのは
その子がその子のままでいられる
環境整備じゃないかと思います。
「みんなと同じことができるように」が
ゴールでは、
つらさがつのるだけ。

また一方で、親やまわりの大人たちが
その子といることを楽しむ。
その子と一緒に生きる。
そのためのスキルを手に入れることが
重要なんじゃないでしょうか。

その子の癖や特徴に合った言葉かけ。
言葉で通じないときは絵で伝える工夫。
このこだわりは、この子にとって
生きていくための前提。
そう受け入れてみませんか。
そんなまなざしが広がれば
その子はずっと生きやすくなるんじゃないのかな。
そしてこの僕も。

「発達障がい」も
ひとつの文化。
そう考えられたなら。

わが子が育つチャンスを失うとき

幼稚園で、学校で
ちょっと変わった子と同じクラスになった。
その子が急に飛びはねる。
奇声を発して走りまわるから
クラスが落ち着かない。

「あの子さえいなければ、
うちのクラス平和でいいのに」
親がそう思ったときに
わが子が育つ大事なチャンスを失います。
人間って、ほんとにいろんな人がいる。
そんな多様な人たちの
一人に出会えたのに。

ほかの人とはちがう言葉を使い
ふしぎな動きをする子。
その子とこれから1年間、わが子は

どんなふうにコミュニケーションとれるかな。
一緒に楽しくすごせるかな。
いろんな人と出会い、
一緒に生きていく力をつけるための
またとないチャンスだから。

じゃまな子なんていない、
だめな子なんていない。
そのまなざしだけが
弱さをかかえたこどもが
堂々と生きていける
社会をつくり出します。

その子の「今」を受け止める。
それは「障がい」があってもなくても同じこと。
「あ、この子は、今、これができないんだ」
「今、これがわからないんだな」って。

「普通ならこれぐらいはできる」
なんていうものさしを持たずに
その子と出会うこと。

Ⅵ 「ゆるママ」「ゆるパパ」のすすめ

「あの子さえいなければ、
うちのクラス
平和でいいのに」
そう思ったときに
わが子が育つ
大事なチャンスを
失います。

生きてるだけで
すごいんだ

たった1回の受精のとき。
精子の数は約2億匹ともいわれます。
僕はこれを聞いたとき
恐れ入りました。

1億9,999万9,999匹。
それだけの精子をおしのけて
たったひとつの精子が
1個の卵子にたどり着き
やっと受精します。
たったひとつの受精卵が
細胞分裂をくり返して
60兆個ともいわれる細胞に分かれて
一人ひとりの体を形作り
今を生きている。
すごいことだと思いました。
まさに奇跡。

Ⅵ 「ゆるママ」「ゆるパパ」のすすめ

あなたが生まれるには
母さんと父さんが必要だった。
母さん父さんの母さんと父さん、
そのまた母さんと父さん……
とさかのぼっていって
10代前までさかのぼると1024人になるそうです。
20代前だと100万人。
そのうちだれが欠けてもあなたはいなかった。

生まれただけで奇跡。
生きてるだけで奇跡。
100万人以上の
命のつながりがあなたを支えてる。
だから、自分の命の番を
精一杯生きればいいんじゃないのかな。

こどもは今、自分の番を生きている。
それだけでいいんじゃないのかな。

生きてるだけですごいんだ。
生まれてきただけですごいんだ。

だから、お誕生日だけじゃなくて
いつでも、何度でも思い出しましょう。
この子が、この世に、やってきたときのことを。

ひとつの命が
何億分の一の確率でこの世に生まれ出てきた
あの日。
ほかにはなにもいらないって思ったあのとき。

「生まれてきてくれてありがとう」。

同じ言葉を
自分自身にも
おつれあいにも。
あなた自身が、おつれあい自身が
かけがえのない命の旅をして
この子にめぐりあえたのだから。

Ⅵ 「ゆるママ」「ゆるパパ」のすすめ

こどもは今、
自分の番を生きている。
それだけで
いいんじゃないのかな。

きっと、
だいじょうぶ

「なんでも、できないよりできたほうがいい」
そう思う気持ちはわかるんです。
人生を豊かにするために
情報を提供し、
感性やスキルを身につけさせてあげたい。
早いうちから可能性を引き出してあげたい。

でも、同時に
「できないことや苦手なことがあるために
傷ついたり嫌な目にあったらかわいそう」
そういう気持ちもありますよね。

これにかぎらず、
「まだ小さいのに
悲しい目にあったらかわいそう」って
思っていませんか。

こどもが悲しい思いをしたら
親の責任、
親の罪、みたいに
感じていませんか。

でも、小さいこどもでも
悲しみを受け止める力は
もっているんです。
小さいからそんな力がないと思うのは
こどもに対して失礼です。

親にできるのは
こどもの悲しみを限りなくゼロにしようと
することじゃなくて、
悲しんでいるこどもによりそい
その悲しみを受け止めてあげること。

マイナスの体験はマイナスだけでは終わりません。
それが命の幹を太くし
生きる力をはぐくみます。

これからこどもが成長していくときに
できないことはいくつもあるでしょう。
でも、その中で
ときどき輝くものがあれば。

その輝きを見つけながら
「いっぱい抜けているところがあるけど、
でも、まるごと私の子だ」って抱きしめて
「あなたがいるから幸せだ」って
伝え続けていくことができれば。

そうすればたいがいのことは
きっと、だいじょうぶ。

Ⅵ 「ゆるママ」「ゆるパパ」のすすめ

それが
命の幹を太くし、
生きる力を
はぐくみます。

あとがきにかえて

あとがきにかえて

不安な情報に囲まれる日々。
なにを頼りに子育てしたらいいのかわからない。
一生けんめい、
こどものためと思いながらやることが、
かえってこどもを苦しめたりしてはいないか。
しつけは、どのタイミングで、
どれくらいやったらいいのか。
どうして親が望むように、
こどもは動いてくれないのか。
私の育て方がダメなんじゃないのか。
いいお母さんでいたいのに、
ときどき悪魔のようなことを
考えている自分にハッとして、涙が出る。

こんな悩みを相談される機会が増えました。
母さん・父さんが疲れている。

そんなとき、僕の口をついて出る言葉。
「正しい母さん・父さんを頑張らないで。」
「ゆる親」ぐらいで、ちょうどいいんだよ。

こどもが3歳なら、親になって3歳。
こども同様、親だって
いっぱい失敗していいんです。
正しい子育てのマニュアルなど、ありません。

世間体を気にして育てても、
ひとさまは最後まで私のこどものことを
見てくれるわけではありません。
まずは目の前のこどもを、まるごと信じましょう。
この子は生まれながらにして、
生きる力を持っている。

あとがきにかえて

親にできることは、
その命の幹を枯らさないこと。
本文にも書きました。
「食べられているか、寝られているか、
うんちが出ているか」
それに気を配ること。たったこれだけ。
これ以上のことをやってあげようと、
先回りして手出し口出しすればするほど
命の幹はやせ細っていく。

僕が講演の最後に決まってよく話すのは、
「生まれてくれてありがとう」を取りもどそう、
というフレーズです。
「この言葉を聞きたくて、だれかに言ってほしくて
リピーターになりました」という声を
ときどき耳にします。

生まれてきたこと、今、生きていること、
ただそれだけで奇跡なんだと。
どこで何度話しても、たくさんの人が、
決まってここで、涙ぐむ。

なにができるか、なにをしているかではなく、
あなたがいること、ただそれだけを祝福したい。
こどもも、親も。
あまりにも当たり前のことで、いまさら
ひとに言われるまでもないと思いつつ、
実は日常の中で忘れがちになること。
だからときどき思い出させてほしいと。

そこで、思いを込めてこの本を書きました。
子育てにつまずいて自信がなくなったとき
こどものダメなところばかりが
目につきはじめたとき、

あとがきにかえて

このままでいいのか迷ったとき、
いつでも手に取って、
好きなところを読みなおしてください。
祈りを込めて伝えたい言葉は
「きっと、だいじょうぶ」。
この本が安心の種をまく、
お守りの本となることを心から願っています。

なお、この本には"続き"があります。
『10歳からの見守りBOOK
――だいじょうぶのタネをまこう。』
思春期を視野に入れて、
子育てで悩む母さん・父さんに
より具体的なメッセージを書き込みました。
合わせてお読みいただけたら、幸せです。

2015年1月　西野博之

西野博之（にしの・ひろゆき）

神奈川県川崎市で、「生きてるだけですごいんだ」をモットーに、子育てのすばらしさとおもしろさ、しんどさによりそって30年。乳幼児から思春期まで、お母さん・お父さんのお悩みや、保育者や教員からも寄せられる幅広い相談に向き合ってきた。全国で研修や講演会多数。1986年から不登校のこどもたちの居場所づくりにかかわり、91年に「フリースペースたまりば」を開設。以来、ひきこもりなど生きづらさをかかえた若者たち、さまざまな「障がい」をもつ人たちとも出会い、ともに地域で育ち合う場を続けてきた。現在、NPO法人フリースペースたまりば理事長。プレーパーク（冒険遊び場）とフリースペースを併せもつ「川崎市子ども夢パーク」所長。フリースペース「えん」代表。著書に『居場所のちから──生きてるだけですごいんだ』（教育史料出版会・2006年）

西野流「ゆる親」のすすめ＜上＞
7歳までのお守りBOOK
「正しい母さん・父さん」を頑張らない。

著者　西野博之
装丁・イラストレーション　高橋潤子
写真　吉谷和加子
編集　斎藤真理子
組版・印刷　株式会社トライ
製本　株式会社難波製本

発行人　中田毅
発行所　株式会社ジャパンマシニスト社
〒195-0073　東京都町田市薬師台3-4-2
TEL.0120-965-344
http://www.japama.jp/

2015年 2 月25日　初版第一刷発行
2017年12月10日　初版第四刷発行

Printed in Japan
ISBN978-4-88049-321-3
©Nishino Hiroyuki　2015

乱丁・落丁本は、ご面倒ですが小社宛てご送付ください。
送料小社負担にてお取替えいたします。

こども・からだ・こころBOOK
ちいさい・おおきい・よわい・つよい

編集協力人
山田 真（小児科医）、
毛利子来（小児科医）、
桜井智恵子（大学教員）、
他

母親たちと小児科医など専門家たちでつくる、"赤ちゃん〜小学生"の子育てに役立つ一冊。目からウロコの情報満載。

【いままでの主な特集】予防接種／薬／みんなママのせい？／発達・発育／偏食・朝食／むし歯の予防／しかり方／アトピー／幼稚園／保育園／甘え／楽になる看病のしかた／教育費／こどものこころ／うつる病気／お金の価値　など

A5判並製／本体1200円／（2・4・7・12月発行）

こども・きょういく・がっこうBOOK
おそい・はやい・ひくい・たかい

編集人
岡崎 勝（小学校教員）

母親たちと現役小学校教員でつくる、小学校生活から思春期までの「困った!」を整理できる一冊。深いテーマを読みやすく。

【いままでの主な特集】漢字／分数／担任／不登校／PTA／こどもの自立・自活／片づけ・整理術／思春期の男の子・女の子／生きぬく力／障害をもつお友だち／進路決め／読む力・話す力／十代の食生活／ホントの友達／給食　など

A5判並製／本体1200円／奇数月刊行

- 全国書店で扱っています。店頭にない場合は取り寄せることができます。
- 書店が遠方にあるなどご不便な場合は、FAX（○四二-六○-五四三三）、電話（○一二○-九六五-三四四）
- インターネット（http://www.japama.jp/）で小社までご注文ください。